Los Felices Años 50.

María Rosa Redondo Frígola

© Bubok Publishing S.L.

1ª edición

ISBN: 978-84-685-8364-8

SafeCreative: 2408299255442

Impreso en España / Printed in Spain

Impreso por Bubok

En memoria de la mítica librería CASA DEL LIBRO de la

Ronda Sant Pedro.

Introducción

Este libro no pretende de ninguna forma ser una gran obra literaria. Simplemente es el relato de una época que me tocó vivir durante unos tiempos muy difíciles y convulsos, en un país destruido por la guerra y que poco a poco luchaba por renacer de sus cenizas.

Mis padres se casaron por lo civil, aprovechando un permiso de mi padre que se había incorporado hacia poco al ejército, un 1 de Noviembre de 1936 (todas las bodas civiles que se celebraron durante la guerra serian anuladas en tiempo de Franco, puesto que la Iglesia se negaba a bautizar a los niños nacidos en aquellos tiempos si sus padres no pasaban primero por el altar). Por lo visto mis padres no tomaron precauciones de lo que les podría suceder y al cabo de 9 meses nací yo.

Como los hombres estaban en el frente todas las cuñadas hicieron piña ayudándose unas a otras, buscando comida por los pueblos y caminos. Eso sí, nunca dejaban de ir al cine, ni durante la guerra ni durante la posguerra. Es algo incomprensible que nunca he acabado de entender.

Estando en uno de esos días cinematográficos empecé yo a dar señales de vida y de querer venir a este mundo. Como la casa más cercana era la de mi tía Quimeta (mujer de un hermano de mi madre) fui a nacer en la calle Porvenir del barrio de Sant Gervasio un 10 de Agosto de 1937.

Por aquel entonces mi madre vivía en la calle Lérida, arriba de todo, y me contó cuando yo era más mayorcita lo mal que lo había pasado criándome sola, y que cuando sonaban las sirenas me arropaba con una manta y me llevaba al refugio, que por suerte quedaba cerca de nuestra casa (creo que en la actualidad aún se conserva dicho refugio).

Cuando por fin acabo todo, un 26 de Enero de 1939 entraron las tropas vencedoras en Barcelona.

Unas madrugadas antes vino mi padre a escondidas a despedirse de mi madre y de paso a entregarle el arma reglamentaria de policía y las esposas, pidiéndole que las pusiera a buen recaudo, puesto que pensaba unirse a los Republicanos perdedores para huir hacia Francia.

Otra vez mi madre se quedó sola conmigo, teniendo que sobrevivir gracias a las famosas cartillas de racionamiento y a la ayuda de su hermano Domingo cuya mujer, mi tía María, había tenido la genial idea de instalar un taller de plancha. En él atendían a la gente rica cuidando de su ropa y enseguida contó con mi madre para ayudarla a cambio de un pequeño sueldo. Y así fue pasando todo un año hasta que tuvo noticias de mi padre. Y aquí es donde empieza mi libro a continuación.

LOS FELICES AÑOS 50

PROLOGO

PRIMERA PARTE

Llegamos por la noche, con un frio helador, en el coche de línea de Poble de Segur. Mi madre me abrigó todo lo que pudo y nos dirigimos fuera del andén. Una sombra medio escondida vino a nuestro encuentro, era mi padre que permanecía oculto. Después de los abrazos y besos correspondientes, nos encaminamos hacia una casa del pueblo, donde mi padre había alquilado una habitación. Yo, que era muy pequeña, no sabía que durante más de un año sería nuestra única vivienda.

La historia se remonta con la huida de Barcelona de los Republicanos, que habían perdido la Guerra Civil española y escapaban para refugiarse en suelo francés. Cuál sería su sorpresa y desencanto al ver que allí los iban a tratar como en un campo de concentración, pasando hambre y penuria, a 4 grados bajo cero y abrigándose con la arena de la playa, puesto que a miles de personas las hacinaron en una gran playa del pueblo Francés de

Argelès-Sur-Mer. Estaban cercados por alambradas y vigilados por guardias armados. Apenas les daban de comer y beber. Murieron más de mil niños de hambre, frio y enfermedad. Se calentaban con los árboles, que previamente habían cortado, que rodeaban la playa.

Pasado un tiempo tuvieron la suerte que pasara por allí el famoso fotógrafo Robert Capa, en su precipitada huida de España, donde había ido a cubrir la Guerra Civil española, puesto que había tenido la desgracia que a su compañera periodista Gerda Taro la atropellara un tanque republicano causándole la muerte. Él fue quien fotografió todo el horror que estaban sufriendo los republicanos españoles, e hizo llegar las fotos que tomó a la Cruz Roja, la cual se apresuró a socorrer a los prisioneros.

Nunca supe como mi padre salió de Argelès-Sur-Mer, pero supongo que se acogió a una amnistía que ofreció el general Franco con la promesa de que no serían represaliados a su llegada a España. Algunos no se fiaron y continuaron en la playa, sin saber que sería su perdición puesto que los franceses, sin saber qué hacer con ellos, los enviaron a campos de trabajo (mejor dicho, de concentración) alemanes donde encontrarían la muerte. Al resto los incorporaron al ejército Frances, sufriendo los horrores de la Segunda Guerra Mundial, aunque en su honor hay que decir que fueron los españoles los primeros en entrar en Paris proclamando la victoria.

Mientras, nosotros seguíamos nuestra vida en el pueblo del Pirineo Leridano. Mi padre consiguió trabajo de camionero de transportes, gracias a su carnet de primera especial. Dicho carnet representó mucho en su vida ya que, siendo Guardia de Asalto en Madrid, tuvo la genial idea de sacárselo en una época en la que, por no haber, no había ni coches: me refiero al año 1934.

Al poco tiempo fue destinado a Barcelona, una de las ciudades más violentas por sus continuas manifestaciones entre partidos y huelgas de trabajadores. Cuando el presidente de la Generalidad de Catalunya Lluís Companys, que viajaba mucho a Francia y Madrid, se enteró de que había un policía con un carnet de conducir especial, lo llamó para servir de chofer y escolta al mismo tiempo.

Bien, volvamos a la Pobla de Segur donde el carnet le volvió a abrir las puertas ya que consiguió un puesto de camionero. Yo, que entonces tendría 4 años, entré en un colegio de monjas del que solo recuerdo que había una hermana que se me comía el desayuno. También me viene a la memoria los partidos de futbol del domingo que siempre acababan a puñetazos, y recuerdo que al salir de un partido de futbol un niño cayó en un pozo de detritus.

Por fin, un tío mío que trabajaba en el ayuntamiento de Barcelona, nos anunció que teníamos el camino libre para volver a nuestra querida ciudad. Ahora bien, habíamos perdido nuestro piso de la calle Lérida y en su lugar nos había encontrado una vivienda en la calle Molas, que se encontraba entre Fontanella y Condal, donde él mismo también vivía.

Y allí, en un piso viejo, con una galería con todos los cristales rotos por los bombardeos (desde donde pasaba un frio que helaba la sangre), pasaría el resto de los años hasta que saliera para casarme.

Tengo que decir que, a pesar de los apuros y aprietos que pasamos, yo fui feliz. Y como que en el carnet de identidad de mi padre ponía ROJO, no se atrevía a buscar trabajo puesto que tenía un miedo atroz a que lo encarcelaran, miedo que le persiguió en el transcurso de los años. Como yo era una niña que ignoraba casi todo de lo que ocurría a mi alrededor, vuelvo al principio para repetir que a pesar de todo fui muy feliz.

Tuvimos la suerte (la hija de mi tío, una vecina y yo) de poder ingresar en uno de los mejores colegios de monjas, Santa Juana de l'Estonnac, sito en las calles Aragón con esquina Via Laietana (dicho sea de paso, este colegio sigue igual). Allí descubrí lo bonito que es estudiar y sobre todo en semejante escuela.

En este colegio había algo peculiar, y es que las hijas de los perdedores, o sea los pobres, nos tenía separadas de las ricas, las vencedoras, las cuales llevaban uniforme y podían cursar el Bachillerato, mientras que nosotras íbamos con batas blancas y solo podíamos aspirar a una cultura general. También nuestras capillas eran distintas, así como los diferentes patios de recreo para no mezclarnos. A mis estas diferencias nunca me importaron demasiado, puesto que con lo que disfrutaba era aprendiendo, cuanto más mejor.

Por otro lado, la vida cotidiana a veces era muy dura por el frio que pasábamos. Este es mi peor recuerdo, mucho más que el hambre. Te salían sabañones en los dedos de las manos, y las piernas se entumecían. Solo se estaba bien en la cocina, donde había un fuego que funcionaba a base de leña y carbón, pero, como las habitaciones quedaban lejos, por la noche en la cama tenían que poner todos los abrigos que poseyéramos.

Lo mejor de todo eran los festivos que pasábamos en casa de mis tíos y primos, que ya he dicho que vivían en la misma calle. Como el hermano de mi madre tenía un puesto de Inspector en el Ayuntamiento, era el que vivía mejor. Otro de sus hermanos trabajaba en las oficinas de la compañía Transmediterránea que, por cierto, él junto a su esposa eran mis padrinos ya que no tenían hijos. Hasta la actualidad que estoy escribiendo mi historia no he sabido por qué ellos vivían tan bien y nosotros tan mal, resultando ser que durante la guerra se habían pasado al bando de los Nacionales. En favor de mi tío de la calle Molas, que se llamaba Domingo, cabe destacar que siempre nos ayudó en todo lo que pudo. Gracias a él mi padre consiguió un trabajo de taxista nocturno, por el que no necesitaba documentación. Otra vez el carnet de conducir lo sacaba de un apuro.

SEGUNDA PARTE

Y así fueron transcurriendo los años, al cabo de los cuales nació mi hermano costándole casi la vida a mi madre. Yo cada vez estaba más entusiasmada con la escuela y una nueva afición había hecho mella en mí: la lectura, afición que iría en aumento y perduraría el resto de mi vida.

Las Navidades eran muy divertidas en casa de mis tíos. Mi madre subía una olla de caldo con galets y carne del cocido, y nos lo comíamos junto con el pavo asado toda la familia reunida. Con mis primos cantábamos villancicos y comíamos los turrones. Al día siguiente se repetía la misma operación, pero esta vez con los canelones de Sant Esteve. Para la cabalgata de los reyes magos mi padre llevaba sillas a la calle Fontanella, para que pudiéramos verlos pasar.

Cuando llegaba Semana Santa íbamos todos juntos a visitar Santos Monumentos en las Iglesias, que tenían que ser siempre números impares. Nuestra primera iglesia era siempre Santa Ana por ser la que estaba más cerca y después comprábamos buñuelos de Cuaresma. Yo me sentía muy afortunada por todo ello.

Cuando mis tíos se iban de vacaciones a algún pueblo de montaña siempre me llevaban con ellos. También un tío mío (hermano de mi padre) me llevó con toda su familia a conocer Madrid, puesto que ellos eran de Aranjuez.

Entre semana se escuchaban los seriales de la radio como "Lo que nunca muere" de Guillermo Sautier Casaseca. A mí el que más me gustaba era Taxi Key con Isidro Sola y Encarna Sánchez, serie que podías ver personalmente en Radio Barcelona. También las señoras escuchaban los famosos consultorios de Elena Fortuny y de Elena Francis.

Los domingos paseábamos todos juntos por la calle Pelayo, donde mi padre me compraba el tebeo "Pulgarcito", con lo que yo me sentía muy contenta. Esos días se tenía que comer temprano puesto que los hombres tenían que ir al futbol que empezaba a las 4 de la tarde.

Algunos domingos por la mañana mi padre me llevaba al mercado de Sant Antonio, donde vendían libros de segunda mano, pues ya se había dado cuenta de mi afición por la lectura y como él no entendía mucho me compraba libros que no eran para mi edad. Recuerdo uno especialmente, que me gustó mucho, que fue "Dafne Adeane" de un escritor inglés. Yo por mi parte me aficioné a los libros de la colección de "Celia" de Elena Fortuny, luego vendrían "Las aventuras de Guillermo", y más adelante los libros de Agatha Christie.

En cuanto al cine, la película que revolucionó al país fue "Gilda" que no era apta para menores, pero gracias a que la taquillera era amiga de mi madre me dejó entrar en el cine "Pathe". Fue una gran experiencia contemplar a la sensual Rita Haibor con sus bailes y canciones. Otra de las películas que marcó aquella época fue "Rebeca", para mi uno de los mejores films que dirigiría Alfred Hitchcock.

Con todo lo contado tengo que llegar al final de la época del colegio de monjas, donde acabé con brillantes notas, aunque se ha de reconocer que los estudios no habían sido difíciles ni nada del otro mundo. Ahora bien, tanto la educación social como religiosa se podían calificar de excelentes. Yo entonces tenía 15 años.

Entretanto nació mi hermana pequeña, cuando yo contaba 13 años. Vino al mundo un 29 de Setiembre de 1950. Un día muy señalado para mi puesto que al día siguiente me sucedió un hecho muy lamentable.

Era un domingo y yo me había levantado para ir a misa. Como mi madre acababa de dar a luz me mandó a comprar leche y unas pastas en la conocida pastelería de la calle Condal "La Montserratina". Al volver a casa, entró un hombre detrás mío en la escalera y, con la excusa de preguntarme una dirección, me cogió fuertemente en sus brazos y me estampo un fuerte beso en la boca. Fue tal el espanto que dejé caer la lechera derramándose todo su contenido sobre sus zapatos. Él aún tuvo la desfachatez de decir: "No te espantes nena que esto no es nada". La cuestión es que con la sorpresa de la leche desparramada encima suyo tuve tiempo de desasirme de sus brazos y echar a correr.

Mi padre bajó a toda velocidad en pijama, pero ya no pudo alcanzarlo. Toda la familia comentó el suceso haciéndose cábalas de lo que me hubiera podido suceder. No puedo decir que la experiencia de mi primer beso fuese para recordar.

En vista de que tenía tanta facilidad para los estudios y, aunque en mi casa no iban sobrados, mi pobre padre (que me quería mucho) decidió sacrificarse y pagarme un año más la enseñanza en una de las mejores academias para señoritas de la Rambla de Catalunya: la academia "Porta". Allí iban chicas de buenas familias e incluso iba la hija de nuestro médico de cabecera, que por cierto nunca sacó buenas notas, y aunque yo desentonaba un poco puesto que no podía comprarme ni unas medias, puedo decir con orgullo que en estudios las gané a todas, estando siempre en el Cuadro de Honor y sacando matriculas. Tengo que admitir que la enseñanza era magnifica pues cada profesora de la materia correspondiente iba de mesa en mesa explicándote la lección. Aprendí más en el tiempo que estuve allí que en toda mi vida.

Pero cuando mi padre me anunció que ya no podía correr más con los gastos y que tendría que ponerme a trabajar, casi lloramos las profesoras y yo por tener mi marcha: ellas por que perdían a su mejor alumna y yo a mi mejor colegio.

Entonces me matriculé en la Escola de la Dona de la Diputación de Barcelona, que dirigía Montserrat Sindreu, pues allí por 75 pesetas al año podías apuntarte a cuantas asignaturas quisieras. No me fue tan bien como en la academia ya que las clases eran masificadas. Aunque, con mi facilidad para las letras, en 3 meses ya me sabía la taquigrafía cuando el curso duraba 9 meses. También estudié mecanografía y francés. Las matemáticas me fueron muy mal por lo que opte por hacer corte y confección.

Y acabo este largo periodo. Si no os habéis aburrido ya es cuando empieza mi historia de vedad, más bien mi biografía.

LOS FELICES AÑOS 50

1 DE SEPTIEMBRE DE 1954

Entré a trabajar en la emblemática Casa del Libro, la librería más importante de Barcelona, sita en la Ronda de San Pedro número 3. A la suerte de estar a dos travesías de mi casa se unía la de poder trabajar entre libros.

Empecé a trabajar como auxiliar administrativa. Éramos seis empleados: un jefe de personal, un contable y su ayudante, la secretaria (una especie de ayudante del jefe de sección) que era una señora de peculiar apariencia y cierta edad, más otra auxiliar administrativa y yo.

El gerente general y dueño de la librería era el Sr. José María Cruzet y el director comercial de la tienda era el Sr. Manuel Borrás de Quadras.

Enseguida quede fascinada por la personalidad de la secretaria, Teresa Moreno, a quien todos llamaban Tere. Tenía 27 años, o sea 10 más que yo. Ella me indicó mi trabajo que consistía en archivar, repasar albaranes y escribir alguna carta a máquina.

Era la mujer más elegante, culta e inteligente y con un saber estar fuera de lo común. Su clase saltaba a la vista. Para mí fue una revelación conocer a semejante persona tan diferente de todo lo conocido hasta la fecha. Con el tiempo se convertiría en mi mejor amiga, pese a la diferencia de edad y status.

La tienda era enorme y en ella trabajaban 8 dependientes, más la cajera. Había un espacio aparte dedicado a la Editorial "Selecta", dirigida por D. José María Miracle. En el sótano había también una galería de arte dirigida por el Sr. Pociello y un gran almacén donde se guardaban todos los libros. Todo esto, que puede resultar tedioso, lo cuento porque tiene que ver con parte de la historia. Enseguida me acoplé al trabajo de oficina, formando parte de todo el conjunto y sintiéndome muy feliz.

En mi casa estaban también muy contentos de poder contar con un sueldo más. La familia continuaba reuniéndose los domingos en casa de mis tíos con los hermanos y cuñados, más los primos que fueron naciendo durante esos años. A ellos se añadió una cuñada con una niña cuyo marido, hermano de mis tíos, había fallecido cuando mi prima contaba sólo medio año y su madre se ganaba la vida alquilando habitaciones a mujeres solas. Mis padres siempre procuraban darle algún dinero, así como mis tíos.

Mientras tanto, yo me había apuntado a Acción Católica en la Iglesia de Santa Ana, donde aparte de rezar y enseñar catecismo a los niños que se preparaban para la primera comunión, también se organizaban excursiones como subir a pie la montaña de Montserrat, se representaban Autos Sacramentales y "Els Pastorets" por Navidad. Yo también iba a bailar sardanas al Parque de la Ciudadela, donde más adelante iría a bailar bailes de salón por las tardes al Casino.

Total, que mi vida lo era todo menos aburrida. Con mi amiga Irene, que había ido al Colegio "Lestonnac" conmigo y por casualidad vivía enfrente de la Casa del Libro, nos apuntábamos a todo lo que era cultura como visitar Museos, que eran gratis, o ir a escuchar algún concierto a la "Sala Mozart" de la calle Canuda.

En la Parroquia de Santa Ana concurrían jóvenes de la alta burguesía catalana, como la hija de los Almacenes "Jorba", o 3 hermanas que eran hijas de un gran fabricante de ropa interior masculina y que también habían estudiado en el colegio Lestonnac (aunque en la parte de las ricas). Entre los chicos había estudiantes a notarías o derecho, así como a médicos. La verdad es que el personal que frecuentaba dicha parroquia no era muy atractivo físicamente, aunque me este maldecirlo. La única que destacaba más era yo, con la única pega de que yo pertenecía a la clase trabajadora.

Esto no sería impedimento para que me asignasen el papel principal en una comedia que se iba a representar. Cuando se estrenó dicha obra vino toda mi familia y vecinos a verme y resulto ser un éxito clamoroso. Y allí descubrí unas dotes, desconocidas por mí, para la interpretación. Dotes que no aproveche más.

A raíz de este evento se enamoraron de mí miembros del colectivo masculino de dicho centro. Uno detrás de otro fue pidiéndome matrimonio. Solo salí con un estudiante a notario pues nos aveníamos mucho en nuestros gustos, pero yo lo veía más como un amigo. Las vecinas empezaron a decirle a mi madre porque su hija iba con un chico tan poco agraciado y con un defecto físico, y decidí dejarlo puesto que aquello no conducía a nada (hace poco leí su esquela en el periódico, por lo visto el coronavirus se lo llevo).

Cuando todas las componentes del centro se enteraron de que la mayoría de chicos se me habían declarado casi me echaron a patadas, tildándome de coqueta cuando en realidad no me interesaba ninguno de ellos (excepto el único que no se me declaro). Esto sería una constante en mi vida. Enamorarme de lo imposible, del más difícil o el que no se fijaba en mí. Y así acabo mi estancia en el centro, donde tampoco les gustaba mi forma de vestir. Demasiado atrevida según ellas. Con el tiempo me enteré de que la mayoría de chicas se habían casado con los hombres que me pretendieron.

Acabado este periodo volveré al interesante de verdad, que fue la librería, donde iba a vivir el primer gran amor de mi vida.

Cada día que pasaba estaba más contenta con mi trabajo. Poco a poco iba conociendo a todo el personal tanto de la oficina como de la tienda. La secretaria Tere le hizo gracia la admiración que le profesaba y me acogió bajo su protección. A parte de enseñarme mi trabajo empezó a aconsejarme los libros que tenía que leer, afición que compartíamos, así como la música, la pintura, el cine y todo lo que era cultura.

Cuando salíamos de trabajar por la tarde me llevaba a merendar a sitios de categoría como a la "Granja Royal", el "Salón Rosa" o la "Cafetería Lezo" de la Rambla de Catalunya (allí probé por primera vez un Vienés). Poco a poco fui copiando las maneras y la forma de vestir tan elegante de mi compañera, dentro de mis posibilidades.

Mientras tanto, en mi familia, empezaron a mirarme con un poco de ojeriza. Ya desde cuando era más joven siempre me echaban en cara que yo no me parecía a ellos, que de donde había salido. Y mi padre les respondía que como había ido a un colegio de monjas me había convertido en una señorita. Pero ahora la cosa iba en aumento pues era el primer miembro joven y femenino que trabajaba en una oficina y como tenía mucho gusto en vestirme los sacaba de quicio. Lo de que era diferente a todos me lo repetían sin cesar, incluso mi madre me lo decía con desagrado pues no le hacia ninguna gracia que me pareciera tan poco a mis hermanos, llegando a preocuparme y a hacerme creer si sería adoptada, cosa imposible pues había nacido en casa de mi tía viuda en Sant Gervasio. Yo que durante toda mi vida admiraba y admiraría los diferentes, resulta que era una de ellos.

En la tienda había un dependiente joven que cada vez que pasaba por su lado me decía un piropo. Al principio no le hice mucho caso, pero poco a poco me fui fijando en él y la verdad es que no me desagradaba del todo. Al lado de la librería había una cafetería que se llamaba "Mogador" y empezó a invitarme a tomar café allí antes de entrar a trabajar. Como tenía mucha labia enseguida congeniamos y también descubrimos que nos gustaba mucho la música puesto que él estudiaba trompeta. Acordamos que alguna tarde podíamos ir a bailar al salir de trabajar. Yo por aquel entonces iba con mis primas a bailar los domingos por la tarde.

Mientras tanto en la librería había gran movimiento y entrada extraordinaria de libros, puesto que se acercaban las fiestas de Navidad y Reyes, por lo que se esperaba que grandes escritores vinieran a presentar sus últimas novedades ya que en esta época del año se vendían muchos libros para regalar.

La señorita Eulalia era las relaciones públicas y, en un apartado que tenía para ella sola con grandes sofás, recibía a escritores famosos como Mercedes Salizachs, AnaMaria Matute o Carmen Laforet. Se hacían traer pastelitos de la confitería "Can Llibre i Serra" que se encontraba al lado de la librería. Pero cuando se armaba gran revuelo era con el rumor de que en cualquier momento podía aparece el gran escritor José María de Segarra a presentar su última obra "La herida luminosa", un gran éxito a todos los niveles tanto en teatro como en televisión. A este escritor le recuerdo perfectamente con un abrigo de paño gris, un elegante sombrero del mismo color y fumando un gran puro.

La tarde anterior a Reyes los de la oficina salíamos a ayudar en la venta de libros pues venia media Barcelona. Por la noche, ya agotados, la casa invitaba a todo el personal a una cena. Al acabar dicha comida se acordó que, como yo era la más joven, alguien tenía que acompañarme a mi casa puesto que era medianoche. Se decidió que fuera el joven con el que solía tomar café en "Mogador", que desde ahora lo llamaremos R.R, quien me llevaría. Estuvimos charlando todo el camino alegremente puesto que habíamos bebido un poco de vino y antes de que viniera el vigilante para abrir la puerta me abrazo y me beso. Y este sería mi primer beso de verdad, al que seguirían miles de besos más con él. Si, he dicho miles. Creo que fueron más de los que recibiría en toda mi vida.

Aquella noche no puede dormir. La semilla del amor había germinado en mi corazón. En mi casa estaban tan ocupados preparando los juguetes para mis hermanos, que habían ido a comprar en las paradas de la Gran Vía a última hora, que no repararon en mi sonrojo y excitación.

Ya estábamos en 1955 y yo me encontraba completamente integrada en mi trabajo. Se empezaban a reeditar libros en catalán y venían muchos escritores a la editorial "Selecta", uno de los más famosos fue Josep Pla así como también Josep Carner y Josep Verges.

Yo solo deseaba que llegara la hora de la salida parta irme con R.R. Empezamos yendo a pasear y a tomar algo, pero ya habíamos probado los besos y nuestras bocas se reconocían más, se volvían más apasionados y voraces. No podíamos parar y nos besábamos en una calle oscura. Cuando ideamos ir al cine aquello fue una locura. Nos poníamos en la última fila para que el acomodador no nos viera, allí dábamos rienda suelta a la pasión y empezamos a toquetearnos por encima de la ropa.

Solo se lo conté a mi amiga Tere, puesto que ella lo conocía, y me aconsejó que fuera con cuidado pues ella era muy religiosa y algo reprimida.

Un día, una dependienta de la tienda, se dio cuenta de que había algo entre nosotros y me echó un jarro de agua fría al aviso de que R.R tenía novia y estaba comprometido. Después de esa gran sorpresa le pedí explicaciones y no me lo negó, puesto que llevaba un anillo de compromiso, pero me conto que se conocían desde niños y que se habían comprometido por la familia, pero que más adelante pensaba dejarla.

Mientras tanto había llegado la primavera, y a R.R lo llamaron a filas, aunque tuvo la suerte de que le tocara en Figueras. Yo aproveché para ponerle un ultimátum: o dejaba a su novia o no podríamos continuar.

Nos estuvimos carteando unos meses, hasta que le concedieron el primer permiso y vino a vernos a la librería con la cabeza rapada y sin el anillo de compromiso. Cual sería mi alegría al ver eso, ya que nunca pensé que me estuviera engañando, y así continuamos con nuestra relación. Nos veíamos cada vez que venía de permiso. Ahora nos habíamos aficionado a ir a bailar y, cuando tocaban aquellos boleros y bailes lentos de la época tan románticos, creo que era un espectáculo vernos pues no nos desenganchábamos las bocas en ningún momento y nos pegábamos los cuerpos que no podíamos ni respirar.

Cuando volvía al cuartel yo continuaba con mi vida de antes: al salir de la librería, por la tarde, iba con mi amiga Tere a merendar a las granjas antes ya mencionadas. También empecé a leer a mansalva todos los libros recomendados por ella, ya que podíamos cogerlos prestados durante 15 días del almacén. En una de mis visitas a dicho recinto conocí al joven que se encargaba de la distribución y contabilidad, Macipe, que se convertiría con el tiempo en un gran amigo y aliado.

También aprovechaba, cuando bajaba a los sótanos, para visitar la sala de exposiciones de pintura cuyo administrador se hacía cruces de que a una chica de 17 años pudieran interesarle obras de arte. En cuanto a los libros descubrí autores como Somerset Maugan, Graham Greene, Dafne du Maurier.

Los domingos salíamos con mis primas a pasear. Ellas siempre querían ir al barrio chino cuyo ambiente degradado, pobre y lleno de prostitutas nunca había sido de mi agrado. Solo se animaba un poco cuando en el puerto de Barcelona amarraba la Sexta Flota americana y los marines lo teñían todo de blanco con sus uniformes, lo que era un alivio para las prostitutas. Yo, marcando la diferencia como siempre, prefería la parte alta como el Paseo de Gracia o la Rambla Cataluña, donde me encontraba en mi salsa con gente de bien.

Cuando no íbamos a pasear nos gustaba ir a bailar al "Cassinet d'Horta", al club de ajedrez "Set a Nou" y al Casino del parque de la Ciudadela. Este último era mi preferido porque tenía una gran orquesta que siempre interpretaba al entrar, o sea al empezar, y al acabar el tango "UNO" o "Si yo tuviera un corazón". En aquella época se escuchaban canciones como "Mirando el mar" de Jorge Sepulveda, "Camino Verde" por Juanito Segarra, "Madrecita" y "Dos gardenias" por Antonio Machin.

Continuábamos yendo a cines de barrio como el Palacio del Cinema, el cine Princesa o el cine Manila. Se pusieron muy de moda las películas italianas con unos dramas de postguerra peor casi que la nuestra. Los directores y actores eran magníficos. Siempre he tenido como mi director favorito a Vittorio de Sica.

Con todo lo dicho ya hemos llegado al año 1956, con los mismos protocolos de las fiestas seguidos en años anteriores. Mientras tanto, iban pasando los meses y R.R ya volvía a estar trabajando en la tienda y yo había cumplido, el 10 de agosto, 18 años. Me fui a pasar las vacaciones con mis tíos a un pueblo de montaña donde había una cascada y allí nos bañábamos. Y por las tardes, con una tableta de chocolate, íbamos a recorrer las distintas fuentes de aguas medicinales lo que representaba una gran caminata.

Cuando regresé de mis vacaciones al trabajo estaba muy morena y recuerdo que llevaba un vestido amarillo bastante escotado que resaltaba más mi bronceado, lo que hizo que R.R se subiera por las nubes al verme. Continuamos con nuestros encuentros, pero él se había vuelto más atrevido y apasionado puesto que en Figueras, según me contó, había frecuentado casas de citas donde se había acostado con dos mujeres a la vez. Esto me llenó de horror con lo estrecha que era yo de miras. Sus acometidas se hicieron más atrevidas, intentando penetrarme: "Solo un poco."- decía, cosa que nunca consentí y menos en plena montaña de Montjuic, donde un guarda nos llamó la atención y nos advirtió que entre los matorrales se encontraban voyeurs observándonos. Entonces optó por llevarme en taxi a reservados como si fuera una fulana. Yo solo tenía 18 años. En tales sitios dábamos rienda suelta a nuestro amor sin pasar nunca de los besos y las caricias. Y yo estaba al borde de perder el conocimiento por la intensidad de mi placer. Cuando salía de allí mi cara era un poema, estaba transformada y transfigurada como si me hubieran borrado todas las facciones. Él se espantaba un poco al verme. Pero lo peor era cuando llegaba a mi casa porque me preguntaban qué me había ocurrido que estaba tan extraña. Y empezaron a malpensar. Entonces mi padre me esperaba cada noche en el portal. Cuando lo veíamos de lejos R.R desaparecía calle abajo. Yo tendría que haberme dado cuenta que aquello no era una relación normal de novios.

Mientras tanto, mi tío me comunicó que en el ayuntamiento iban a haber oposiciones para entrar de funcionario, que podía presentarme yéndome a preparar a una academia de la calle Condal que se llamaba "V.A.M", ya que ser funcionario era un puesto para toda la vida. Y así empecé otra etapa donde tuve la suerte de conocer a Conchita Rodríguez, que sería una gran amiga. Al principio empecé a ir a todas las clases por las noches y mi nueva amiga, a la cual caí muy bien, tuvo la amabilidad de invitarme a su casa, donde su hermano que era abogado organizaba guateques con compañeros de su facultad. Allí se ponían los últimos discos de moda y se empezaba a beber un refresco que se haría famoso: la "Coca Cola". También se empezaba a escuchar un conjunto que se haría famoso: "El dúo dinámico".

Cada vez que iba a coger el metro me encontraba al director de la Academia, un señor que ya tendría cerca de 40 años. Otros días me lo encontraba por la calle, hasta que mi amiga se dio cuenta de que estaba enamorado de mí. Era un hombre delgado y enjuto que, no sé por qué, me recordaba a mi padre. La verdad es que no me hacía ninguna gracia encontrármelo por todas partes.

Poco a poco R.R me convenció para que me saltara clases para poder estar juntos. Pero una vez llegué a mi casa con los labios amoratados de tantos besos y mi padre puso el grito en el cielo. Tuve que inventarme que me había caído sobre la máquina de escribir. A raíz de aquello mi padre tomó cartas en el asunto y un día fue a buscarme a la academia, donde le dijeron que no había ido a clase y que hacía muchas campanas. Entonces pidió una cita con R.R para que le explicara sus intenciones con respecto a su hija. Nunca supe lo que hablaron, pero al día siguiente R.R me anunció que no nos volveríamos a ver. Tuve un disgusto de muerte, porque no me imaginaba el motivo que tenía para no comprometerse formalmente conmigo si, como decía, ya había dejado la novia. ¿Y por qué los domingos no salíamos nunca? Según él, tenía que ir a tocar la trompeta.

Mientras tanto continué con mi vida de siempre, saliendo con mis primas al cine o a bailar, aunque ahora me aburría puesto que los chicos que conocía no me interesaban. Me lo pasaba mejor con mi nueva amiga C. Rodríguez ya que todos los asistentes que acudían a las fiestas de su casa tenían mucha cultura para poder hablar de cualquier tema. También reemprendí las clases, pero había perdido tantas asignaturas que no logré pasar los exámenes, mientras que mi amiga, que era muy inteligente y buena estudiante, sí logró una plaza de funcionaria. Yo me alegré por ella y por acabar con la persecución cada vez más acusada del director.

Cuando venía el Santo de algún familiar era costumbre ir a comprar galletas a "Casa Montes" que estaba en la calle Fontanella esquina Plaza Cataluña, al lado de las mantequerías "Arias" y seguía el casino militar y un café concierto donde tocaban orquestas como "Bernard Hilda" o Xavier Cugat con su esposa Abe Lane que, por cierto, una vez se presentaron en la librería a comprar con lo que se armó un gran revuelo. En la esquina de la Ronda San Pedro, donde ahora está El Corte Inglés, había una famosa droguería "Can Viçens Ferrer". Cruzando la Plaza Cataluña esquina con Pelayo estaba la famosa cafetería Zúrich (que aún existe en la actualidad) y también había las galerías "Avenida de la luz". Todo ello lo cuento por la suerte que tenía de vivir en un entorno tan privilegiado. Mi calle limitaba por arriba con Fontanella y por abajo con Condal, dando a la Puerta del Ángel con los emblemáticos almacenes "Jorba", y a continuación la calle Santa Ana con su famosa iglesia, de la que formé parte y donde me acabaría casando. A continuación, se salía a la mítica Rambla, en aquella época llena de animales además de las floristas y los kioscos. También estaban ubicados allí los almacenes "El Sepu". En la puerta del Ángel había una fuente de la que brotaban cuatro Caños de agua que aún está en la actualidad y en la que, en verano, me mandaban con un cántaro a buscar agua fresca. Al final estaba el cine "París" y otra fuente abrevadero que se llamaba "la Font de Santa Anna", con unas serigrafías muy artísticas. Y enfrente estaba el Círculo Artístico.

Mientras tanto, en el trabajo, era muy violento cuando me cruzaba con R.R pues casi no nos mirábamos. Un día el chico del almacén, que os he comentado que se había hecho amigo mío, me confió que me tenía que comunicar algo que no me gustaría y fue que R.R estaba saliendo con la otra chica que trabajaba en la oficina, Pilar H., de la cual no os he hablado. Me extrañó mucho puesto que ella tenía novio formal. Cuando Pilar vio que yo le hacía mala cara, y cómo se lo conté a Tere y esta le recriminó lo que había hecho, vino a pedirme perdón excusándose que solo habían ido un día a bailar, puesto que su novio vivía fuera toda la semana. Por mi parte la disculpé a medias puesto que ya sabía lo que significaba ir a bailar con R.R el besucón. Pero en realidad con quien estaba enfadada era con él, pues me había olvidado muy pronto.

Él, mientras tanto, se había matriculado en las escuelas francesas para estudiar un curso de dicho idioma y para reconciliarse me propuso a mí que hiciera lo mismo y así tendríamos una excusa para vernos otra vez sin levantar sospechas.

Cuando lo propuse en mi casa, mi padre como siempre, no tenía dinero para la matrícula puesto que mis hermanos pequeños estaban aún estudiando y la única ayuda era la mía (muy escasa, por cierto, ya que solo ganaba 700 pesetas). Entonces R.R me propuso dejarme el dinero y ya se lo devolvería más adelante. Como os podéis imaginar, yo dije a mis padres que iba con mi amiga Tere, que el prestamos era suyo y que no le corría ninguna prisa cobrar. Y así fue como volvimos a vernos. Aún recuerdo cómo nos encontrábamos en la Gran Vía frente al Hotel "Ritz". Y otra vez a saltarnos clases. Cuando se acabó el curso y pude devolver el dinero volvíamos a estar como antes, viéndonos día sí y día también.

Mis padres, sin yo saberlo, decidieron sacarme fuera de mi trabajo. Hablaron con mi tío del Ayuntamiento, que conocía mucha gente, y se decidió que yo entraría a trabajar en una Cia. de seguros cuyo subdirector era muy amigo suyo. Ahora bien, para poder trabajar en dicha empresa era imprescindible tener el Servicio Social, una especie de mili femenina que duraba 9 meses.

Y ya me tenéis a mí empezando una nueva etapa. Las clases se daban en el Instituto la Mujer, sito en la Baja de San Pedro. Las profesoras iban con camisas azules, con el yugo y las flechas pintados en los bolsillos. La verdad es que me parecían muy majas y muy simpáticas. Estudiábamos a José Antonio Ramiro Ledesma Ramos y a Onésimo Redondo y también cantábamos "Montañas nevadas". Pero a mí, como me gustaba estudiarlo todo, no se me hizo nada pesado. Además, hacíamos gimnasia, cosíamos prendas infantiles para una canastilla y nos enseñaban a bordar, a cocinar y formación social. Como no podía ser de otra manera enseguida me hice con un montón de amigas con las que quedaba para salir.

Por entonces los padres de mi amiga Irene se habían comprado una torre con jardín en Can Carelleu, al final de Sarriá, y empezaron a invitarme los fines de semana. Al lado había una casa con piscina en la que vivían dos hermanos jóvenes y nos invitaban a pasar a bañarnos. Cómo la frecuentaba gente joven, empezaron a organizarse fiestas y verbenas y nos preguntaron si nos gustaría ir, a lo que accedimos. Mi amiga Irene era una chica muy acomplejada por ser poco agraciada y tampoco la acompañaba nada el gesto de amargada que ponía. Quién

42

iba a decir que en estos guateques iba a encontrar a un guaperas de novio. El chico, que vivía cerca, acudía muchas veces a la torre, puesto que los hermanos que allí vivían eran amigos suyos. Tenía los ojos verdes y se parecía al torero Paquirri. En realidad, todos nos preguntábamos que había visto en ella, aunque yo me alegraba que por fin conociera lo que eran los besos. Ella había tenido que aguantar mucho tiempo ver cómo me los daban a mí pues muchas veces, para que me dejaran salir, ella hacía de carabina en el cine. Yo iba con R.R, y en mi casa se pensaban que estaba con ella. Y de estar, estaba. Pero en el otro asiento estaba mi amor.

De los dos hermanos que había en la casa uno me gustaba más que el otro, pero, como solía ocurrirme, el que se fijó en mí era el que menos me atraía. Una noche de fiesta estuvimos bailando sin cesar y su cuerpo se acercaba peligrosamente al mío. Al acabar me encontré, sin darme cuenta, entre unos árboles ocultos por la oscuridad y a él besándome apasionadamente. Y la verdad es que no me desagrado. Él me suplicó que lo ayudara pues lo había vuelto loco, a lo que yo me negué. Como siempre doña estrecha. Me sugirió que nos encontráramos al día siguiente, a lo que yo también me negué pues ya sabía a lo que iba y yo ya tenía una

43

relación. A pesar de sus ruegos yo me mantuve firme y es que, en realidad, en quién pensaba era en el otro hermano. Al fin, el hermano que me gustaba, se enteró de mi interés por él y accedió a vernos, lo que fue un fracaso total. Yo no le interesaba y se mostró tan frío que logró enfriarme a mí y, entonces, me di cuenta de que no había chispa entre nosotros ni nada en común. Y así acabó la obsesión por alguien a quien no interesaba. Esto me ocurrió muchas veces a lo largo de mi vida, querer al que no me quería.

Por otro lado, en Estado Unidos, triunfaban los musicales con Ginger Rogers, Fred Astaire, Gene Kelly (que triunfó con "Cantando bajo la lluvia"), y las bellas actrices y bailarinas Cyd Charisse y Betty Grable. También eran muy aclamadas las grandes orquestas como Glenn Miller, Tommy & Jimmy Dorsey, Louis Amstrong y, también, se hizo muy famoso nuestro Xavier Cugat con la sensual Abbe Lane y la gran orquesta de Jesús Moreno. Sobre la vida de Glenn Miller se rodó una película muy bella, llamada "Sonrisas y lágrimas" y con una banda sonora maravillosa, dónde se recogía la trágica muerte del famoso músico durante la Segunda Guerra Mundial cuando desapareció con el avión qué pilotaba. Por su parte, en España, estaban en el candelero las folclóricas como Lola Flores que actuaba con Manolo Caracol, Carmen Sevilla, Paquita Rico y Juanita Reina (a quién tuve ocasión de ver una vez en la Rambla. En cuanto a bellezones se disputaban el liderazgo en Italia Sofía Loren y Gina Lollobrigida. En Francia era Brigitte Bardot. Y en Estados Unidos estaban Grace Kelly, Ava Gardner (llamada el animal más bello del mundo) y Elizabeth Taylor. A mí me gustaban mucho Gene Tierney y Audrey Hepburn.

He puesto de título Los Felices 50 ya que con todo lo expuesto no había motivo para aburrirse. Por mi parte, con mi amiga, conseguimos ir al gallinero del Gran Teatro del Liceo a ver el Ballet Nacional de Londres. Qué emoción, dios mío, escuchar y ver interpretar "El lago de los cisnes" y "El cascanueces". También logramos ver alguna zarzuela.

No he hablado de la Fiesta del Libro, Sant Jordi, uno de los acontecimientos más importantes de Cataluña dónde el enamorado regala una rosa a su amor y ella un libro a él. Extensivo a todas las parejas, imaginad la locura que reinaba en la librería puesto que venían los grandes escritores a firmar libros y los de la oficina volvíamos a salir a la tienda a vender. Yo deseaba un libro que se llamaba "La ninfa constante" y R.R me lo regaló. Enseguida se corrió la voz de que entre los compradores había una famosa Vedette amiga de algún alto cargo del régimen. No nos quisimos perder la ocasión de verla pues era muy bella. Por aquella época, después de haber leído la mayoría de clásicos extranjeros, me había aficionado a los autores del país. Uno de los que me cautivó fue "La saga de los Rius" de Ignacio Agustí. Ahora he vuelto a releer "Desiderio" que era la tercera de la trilogía "Mariona Rebull y el viudo Rius" y que más tarde se filmó una película con un gran éxito. También leí "Un millón de muertos" de José María Gironella, "Vida privada" de Josep María de Sagarra y "Tino Costa" de Sebastià Juan Arbó. También me entusiasmaba la literatura española que iba descubriendo, como Blasco Ibáñez, Leopoldo Alas Clarín con "La Regenta", "Los cipreses creen en Dios" de Delibes o "La colmena" de Camilo José Cela.

El tiempo iba pasando y R.R nunca daba el paso de comprometernos, y eso que estábamos hechos el uno para el otro pues nos complacíamos en todo. ¿Que a él le gustaban las carreras de motos? Le acompañaba a la montaña de Montjuic a ver alguno de los premios que se corrían. ¿Que a mí me gustaba mucho un cantante como Lorenzo González? Enseguida me invitaba a verlo a la sala "Bolero" para que pudiera escucharlo. Nunca me pregunté de dónde sacaba el dinero para salir conmigo cada día ya que el sueldo de un dependiente no era para tirar cohetes.

Por aquella época se había puesto de moda la música latinoamericana como el mencionado L. González, Lucho Gatica, Armando Manzanero, Roberto Carlos y algunos conjuntos como el trío Los Panchos y el Trío Calaveras. También se bailaba el Chachachá y el mambo, que interpretaba muy bien Pérez Prado.

Era un continuo de novedades. Y las que me esperaban dado que ya había acabado el servicio social con muy buenas notas y obraba en mi poder la cartilla que te daban, por si la exigían en alguna empresa. Rápidamente se iban a suceder los acontecimientos.

En la librería había entrado a trabajar un nuevo dependiente joven que era falangista y del P.R.E.U. Al cabo de un tiempo se me insinuó varias veces y, cuando le dije que estaba comprometida, me contestaba que no era cierto pues sabía a la persona que aludía y estaba seguro de que él no iba conmigo en serio. Esto me llenaba de angustia dado que en el fondo de mi corazón sabía que la relación no iba a ninguna parte. Entonces pensaba en dejarlo, pero cuando veía sus labios sensuales, su sonrisa lobuna con unos dientes blancos y parejos acompañados del bigote que tanto me gustaba, sus ojos almendrados de color miel y su pelo tirando a rubio me rendía a su encanto. Y no es que fuera muy alto precisamente. Por aquellos días también paso por la librería Ingrid Bergman que estaba interpretando "Juana de Arco· en el Teatro Liceo de Barcelona.

La oficinista que me hizo la pequeña traición con mi novio me propuso si quería apuntarme a un taller de costura. La maestra era una gran diseñadora de vestidos de novia y sombreros, pero también te hacía los patrones y te cortaba la ropa de los vestidos, e incluso te los probaba y tú solo tenías que coserla. Enseguida acepté el ventajoso trato pues, por solo 75 pesetas al mes, podías confeccionarte lo que quisieras.

Una mala noticia cambiaría mi vida: mi amiga Tere dejaba la librería después de haber trabajado allí desde siempre. Ante la sorpresa de todos le pregunté por los motivos que la habían llevado a semejante decisión. Me confesó que no quería envejecer en el mismo sitio sin haber conocido nada más y, como una amiga suya había montado una zapatería de lujo, le ofrecían un puesto de cajera contable. Cuando marchó, después del desconcierto originado, en su puesto había un gran vacío. El gerente me llamó para comunicarme que me ocuparía de su lugar ya que yo sabía cómo iba todo y así también podría dictarme cartas en taquigrafía. Durante un tiempo la estuve sustituyendo, muy contenta por mi parte, pues era subir un escalafón y un aumento de sueldo. Pero cuál sería mi sorpresa al anunciarme que habían encontrado otra sustituta, una chica del almacén sin ninguna preparación. No tenía presencia y era más bien poco agraciada para un puesto de secretaria. Los primeros días se presentó con el guardapolvo azul del almacén. Pero cuando llegó mi enfado de verdad fue cuando mi jefe me anunció que yo tendría que enseñarle durante un tiempo, puesto que ella no tenía ni idea de cómo se llevaba una oficina. Al cabo de un tiempo, asqueada, decidí hacer caso a mis padres y cambiar de trabajo. Por fin pude hacer uso de la famosa tarjeta o carnet en el que se acreditaba que había cumplido el servicio social. Para mi representaba alejarme de mi amor (que por otra parte encontraba algo distante), dejar la librería que tan feliz me había hecho, e irme a trabajar a un sitio más alejado de mi casa y donde se entraba una hora antes, aunque era jornada seguida hasta las 3 de la tarde.

Y así fue cómo entré a trabajar en la compañía de seguros "Bilbao", situada en el Paseo de Gracia esquina Consejo de Ciento, encima de "Loewe". Enseguida quedé impresionada por el edificio modernista de Domenech y Muntaner: la casa Lleó Morera (hoy en día edificio dedicado a visitas turísticas). A raíz de trabajar en semejante maravilla arquitectónica empecé a interesarme por los edificios modernistas como la Sagrada Familia, La Pedrera y La casa Batlló de Antonio Gaudí, así como y La casa Ametller de Puig y Cadafalch. También me empezaron a llamar la atención los pintores de este estilo como Santiago Rusiñol y, mi preferido, Ramón Casas.

Todo lo bello de ese edificio se volvió feo en mi nuevo empleo, el cual enseguida vi que no era para mí. No me gustaba nada hacer pólizas de seguros ni en su maquinaria, cuya composición no me eran fáciles de entender, por lo que pronto me cambiaron de sección poniéndome de telefonista en la centralita dónde había cantidad de líneas que tenías memorizar y contestar. Y de ser una gran administrativa me convertí una mediocre telefonista. Tampoco el personal eran santos de mi devoción: la que se suponía tenía que ponerme al corriente de los entramados de la manipulación telefónica era un mal bicho, y hacía todo lo posible para dejarme en mal lugar delante del subdirector, el cual me cogió ojeriza puesto que había dado la cara por mí para enchufarme en la compañía. El resto de los empleados muy abundante, en la mayoría hombres, eran unos reprimidos de aquella época que aprovechaban cualquier ocasión para decirte un piropo o cosas peores, aunque algunos eran mejores que otros. Lo único que había valido la pena era que cobraba el doble que en la librería y pude comprarme una pluma estilográfica Parker. Pero para colmo entraba a las 8 de la mañana con lo que tenía que madrugar y algunas veces llegaba tarde. Eso sí, a las 3 de la tarde ya plegábamos.

Algunos días R.R a las 8 ya me esperaba en el Paseo de Gracia para vernos, puesto que yo por las tardes iba a coser y él salía de trabajar a las 7:30. Yo lo esperaba, aunque llegara tarde a clase. Y así paso un tiempo hasta que empezaron a llegar las malas noticias y los malos tiempos. Por una parte, mi amiga Irene (que ya tenía todo el ajuar preparado para casarse) un día se le presentó su prometido muy compungido para anunciarle que no se podía casar con ella, puesto que amaba a otra mujer con la que se había estado viendo a escondidas. De aquel duro golpe nunca se repuso mi pobre amiga, puesto que nunca volvió a tener relaciones ni se casó con nadie.

Pero lo que no sabía es que pronto me tocaría a mí recibir unos de los mayores disgustos de mi vida. Un día sonó el teléfono en el despacho y respondí pensando que era del trabajo. Me extrañó oír la voz de R.R y que me llamara en horas de trabajo. El muy sinvergüenza me telefoneaba para comunicarme que se casaba el domingo siguiente y estábamos a viernes. Ni siquiera había tenido el valor de dar la cara. Tras la sorpresa mayúscula, puesto que ignoraba que continuará con la ex novia, vino el derrumbe total. No pude contener el llanto y, cuando me vio el jefe de aquella manera, me mandó para mi casa. Pero yo que sabía cómo se las gastaba mi madre así que me fui llorando por la calle hasta llegar a la zapatería dónde trabajaba mi amiga Tere. Esta no sabía qué hacer para consolarme. Por fin no tuve más remedio que irme a mi casa dónde, cómo suponía, mi madre me acusó de ser una perra que iba detrás de un hombre sin tener ni pizca dignidad. No le importó nada mi pesar. Creo que nunca fui Santo su devoción pues tenía celos hasta cuando iba al cine con mi padre, ya que decía que parecíamos novios. Y así empezó una etapa de mi vida de la cual no me siento nada orgullosa.

Mi madre no tuvo en cuenta que, al dolor tan grande que sentía en mi corazón al anunciarme su boda, se unía la pérdida de mi gran amor. Tuve que volver al trabajo bajo la atenta y compasiva mirada de todos mis compañeros. Allí había hecho una buena amiga que se llamaba María y me consoló todo lo que pudo. Por aquel entonces tuve la suerte de que quedó vacante un sitio de taquimecanógrafa en la sección de siniestros de coches y por fin hallé un trabajo a mi medida. Solo éramos tres componentes: el jefe sección, un compañero que se ocupaba de los partes de accidente (y el cual se convertiría en un gran amigo), y yo. No sé si es que los hombres huelen cuando una está falta de amor y es más vulnerable, que empecé a tener muchos admiradores que querían salir conmigo, tanto compañeros de la oficina como clientes asegurados. No sé si para consolarme y olvidarme empecé a ir con uno y con otro. Tanto me daba que fueran importantes como simples empleados de mantenimiento. Recuerdo que llegué a alternar con un importante portero de un club de fútbol, que era un guaperas de campeonato, con la mala fortuna que nos sorprendió uno de los jefes de la compañía y me advirtió que el susodicho estaba casado. Luego accedí a ir al cine con un compañero que, aunque era muy mono, no me hacía ni fu ni fa y resultó ser un impresentable puesto que me hizo hacer algo a la fuerza a lo cual yo me negué. Al día siguiente iba contándolo por el despacho muy ufano, lo cual no solo negué, sino que lo dejé como un inepto que, por no saber, no sabía ni besar.

No sé cómo llegó todo esto a oídos de R.R, el cual empezó a llamarme para que nos viéramos otra vez y para recriminarme mi comportamiento. Al final, después de mucho suplicar, me lo encontré un día por la calle de buena mañana pidiéndome perdón y, según él, se había visto obligado por las familias a casarse. Y otra vez caí en sus redes. Pero teníamos que ir con mucho cuidado para que no nos vieran, por lo que volvimos a los reservados en taxi. Y así tenía una mujer y una amante. ¿Pero qué había ocurrido para que sus besos no me supieran como antes? Los encontraba como más lascivos, promiscuos y salivosos. Mientras tanto continuaba yendo con mis primas a bailar, pero me aburría enormemente, puesto que no buscaba nada ni me interesaba nadie. Y así hasta que me di cuenta de que mi vida no iba por buen camino. Mis amigas y vecinas empezaban a preparar el ajuar para casarse. Y es que los posibles pretendientes se habían cansado de mis negativas y yo ya tenía21 años.

Me sentía bien en mi trabajo, puesto que mi compañero de sección se había convertido en mi mejor confidente, sufría por mí y me consolaba apretándome las manos. Era jugador de fútbol de un pueblo de la costa y se acababa de casar con una chica muy mona. Yo, mientras, continuaba con clases de costura dónde tuve la suerte de que la profesora se fijara en mis medidas 95-54-95 (según ella perfectas) y me propuso que le pasara los trajes de novia que confeccionaba para tiendas de moda y, a cambio, me haría la ropa gratis. En aquella época las secretarias íbamos muy bien arregladas con trajes de chaqueta sastre, con las faldas muy ajustadas y blusa camisera blanca. Los zapatos eran en punta, con buenos tacones y medias negras transparentes con costura.

Aquella noche de Reyes de 1959 nos encontramos R.R y yo en la Plaza Urquinaona pues, en mitad del jolgorio de la cabalgata y entre la multitud, pasábamos desapercibidos. Recuerdo que le regalé una corbata de rayas marrones y blancas, y él me obsequió con el libro "Carta de una desconocida". Sería una de las últimas veces que nos veríamos pues al día siguiente conocería al que sería mi futuro marido.

Fue el día de Reyes que decidimos cambiar de local y fuimos a la calle Julián Portet, detrás de la Jefatura de Policía, dónde estaba el Club de Ajedrez Barcelona y durante las fiestas, por la tarde, hacían bailes de salón. Enseguida, mis primas y yo, vimos a tres jóvenes que nos estaban mirando, y cuando empezó la pieza nos vinieron a sacar. El que a mí me atraía se decantó por mi prima pequeña, la cual siempre iba exageradamente maquillada y parecía mayor. Otro me vino a buscar a mí y no recuerdo si el último fue a buscar a mi otra prima.

La cuestión es que el que bailó conmigo era muy simpático y se enrollaba mucho, aunque su manera de bailar un tanto exagerada y chula, no casaba con la mía y no acabábamos de entendernos. Estuvieron toda la tarde con nosotras he insistieron en volvernos a ver por lo que quedamos para ir a tomar algo. Durante un tiempo salimos juntos y mi nuevo acompañante me contó qué, junto con su hermano qué era el otro bailarín, formaban un trío con otro amigo e imitaban muy bien al trío" Los Panchos" cosechando mucho éxito en algunas actuaciones que hacían.

Mi nueva pareja empezó a venirme a buscar a las 3 al trabajo y me acompañaba hasta mi casa, puesto que le iba de camino a su trabajo, unas oficinas donde entraba a las 4. Después empezó a esperarme a la salida de la modista donde iba a coser, aguantando unos plantones larguísimos, y así poco a poco fue entrando en mi vida a fuerza de hacerse imprescindible. La verdad es que yo no estaba enamorada, pero él era muy divertido y gracioso, y tampoco estaba nada mal siendo más bien atractivo. Íbamos a bailar todos juntos y, cuando veía a su amigo de preciosos ojos azules y unos labios bellos y sensuales, se me iban los ojos. Como siempre deseando al que no me hacía caso. En cambio, a mi prima, no le gustaba nada (y eso que era un importante fabricante) hasta que le dio calabazas. Con el tiempo me enteraría de que quién le gustaba era quien se convertiría en mi prometido.

Mientras tanto **R.R** había vuelto a encontrarse conmigo para decirme que se había hecho muy amigo de la cajera de la librería, cosa que me extrañó puesto que era una chica poco agraciada y con un defecto físico. Pero él me contestó que tenía una piel muy fina y bonita, lo que quería decir que ya había habido roce entre los dos. Y otro día me llamó para recriminarme que el hombre con el que salía no le gustaba nada para mí. Entonces ya lo mandé a hacer gárgaras y que no me llamara más. Yo iba dejando que la relación avanzara sin poner ninguna resistencia y, el día de San José, a los 3 meses de conocernos, vino a pedir mi mano a mis padres. Todos estuvieron muy contentos de que por fin su hija sentara la cabeza y se prometiera con alguien. Luego fueron mis tíos quienes lo conocieron junto al resto de toda la familia. Como era muy simpático y contaba muchas historias divertidas enseguida se ganó a todos. Nuestra relación era más bien tranquila y sin sobresaltos. Aunque tengo que reconocer que él estaba muy enamorado (tanto que no me dejaba ni respirar) tardo poco en comprometerse por el miedo de perderme, puesto que debió ver que yo no estaba muy segura de lo que sentía por él. Cómo a él le encantaron las reuniones que se hacía en casa de mis tíos los domingos, enseguida se añadió a ellas. Y más ahora que mi tío se había comprado el primer televisor de la familia. Se iba añadiendo más gente a los encuentros, incluso una prima de mi tía que se había casado con un famoso futbolista del español llamado Veloy.

Mientras tanto en la compañía de seguros empezaron a llamarme la Ruth Roman de la Bilbao, una actriz que triunfaba en aquella época en el cine.

Dejamos de ir a bailar y las únicas salidas eran asistir alguna vez al cine. Entonces estaban de moda las películas de Alfred Hitchcock y Doris Day y, allí en el cine, nos dábamos cuatro besos. Nada de lo que yo estaba acostumbrada y que no eran para tirar cohetes. Cuando llegábamos a casa de mis tíos toda la familia nos escrutaba, sobre todo mis padrinos que eran muy severos y no tenían hijos.

Un día que mi novio estaba enfermo de anginas y yo iba a visitarle, se me presentó en la parada del autobús R.R con una moto. Me iba siguiendo la pista y me enseñó una foto de la niña que había tenido. Yo estuve muy fría con él y me limité a mirar la foto. Pero cuando llegué a casa de mi novio y me quiso besar y acariciar fue cuando vi que no sentía por él lo que había experimentado por R.R, cuya presencia me había trastornado por más que yo no se lo hubiera demostrado. Con la excusa de que tenía dolor de garganta me escabullí como pude. Y así pasaron 2 años.

Mientras tanto mi amiga Tere había cambiado de trabajo pues, con sus conocimientos, una zapatería no era sitio para ella. Se colocó en unas oficinas de una gran empresa dónde, por fin, comprobó en viva piel lo que eran los besos que yo tanto le había contado y pudo vivir su primer romance con 33 años. En aquellos tiempos todas éramos más estrechas y mojigatas y nos perdíamos lo mejor del amor y del sexo. Lástima para Tere que la cosa no cuajó por qué el chico era más joven. Qué desperdicio de mujer con lo bella que era. Y todo por culpa de un catolicismo que imponía una pureza y una decencia mal entendidas. Nunca se casó y seguramente quedó marcada por este amor tardío. Su madre me confesó años más tarde que estaba amargada al ver las nuevas generaciones, lo desinhibidas que eran y lo bien que se lo pasaban.

Un día mi novio me confesó que mi prima pequeña le tiraba los tejos y, en un bautizo que estuvo toda la familia, lo llevó a parte para preguntarle qué es lo que había visto en mí puesto que ella estaba mucho mejor y le gustaba mucho. Entonces comprendimos por qué mi prima había rechazado al otro pretendiente del baile.

También me enteré, por la chica con la que iba a coser y que aún trabajaba en la librería, que había habido un escándalo mayúsculo puesto que R.R. junto con la cajera hacían trampas y se quedaban con el dinero de las ventas que no ingresaban en la caja. Total, que fueron despedidos los dos. Ahora me explico la repentina admiración de R.R. por dicha mujer.

Otra de las sorpresas mayúsculas fue con mi compañero y amigo de despacho. Nos había invitado al bautizo de su hija dónde conoció a mi prometido y yo conocí a su mujer e, incluso, le proporcionó a mi prometido un trabajo para que pudieran hacer horas en el borne puesto que su familia tenía muchos negocios de frutas y verduras.

Un día, sin más, me declaró que estaba loco por mí desde siempre y que pensaba dejarlo todo (familia, hija, casa, y mujer) si yo aceptaba. La verdad es que si me pinchan no me sacan sangre. Es lo último que esperaba en este mundo. Ni por asomo se me había ocurrido idea tan peregrina, nunca lo había sospechado. Intenté desanimarle como pude, diciéndole que estaba loco. Con una mujer más guapa que yo, una hija preciosa y una torre en la costa barcelonesa, yo siempre lo había tenido como un gran amigo. Y lo que es la intuición masculina: mi novio siempre había tenido celos de nuestra gran amistad. Y es que yo siempre había simpatizado más con los hombres que con las mujeres. Y ves por dónde la chica de contabilidad, qué era mi mejor amiga, un día preguntándole si no tenía ningún amor secreto me confesó en confidencia que estaba locamente enamorada de un compañero pero que era un amor imposible puesto que estaba casado. Y por los indicios que me dio supe que era él. Y ella se había ido haciendo mayor con esa falsa esperanza.

Si os habéis dado cuenta en estas memorias todos amábamos a la persona equivocada. No sé si hoy en día ocurren esas cosas, pero en aquella época casi nadie se casaba con la persona a quien quería de verdad. Entregabas tu virginidad (porque de esto es de lo que se trataba) a alguien que, por haber hecho un juramento de fidelidad y haber firmado unos papeles, era merecedor del dicho trofeo el cual había costado sangre, sudor y lágrimas, salvaguardar, sin poder disfrutar del sexo de verdad con quien habías deseado con toda tu alma. En esto no saben lo afortunadas que son las jóvenes mujeres de hoy en día. Por poder decidir con quién quieren acostarse sin remilgos y disfrutar del placer con la persona que aman o desean.

Mis amigas me advirtieron del disparate que iba a cometer. En primer lugar, dejar el magnífico trabajo que tenía, con un sueldo excelente y a media jornada. Segundo irme a casa de los suegros, de los cuales prefiero no hablar. Y tercero trasladarme a lo que hoy es la Villa Olímpica, pero entonces solo era una larga avenida con un paso a nivel (ya que por delante pasaban los trenes que salían de la estación de Francia) con un cementerio al final. Para una persona como yo, que había vivido en el centro de Barcelona, el cambio fue brutal. Todo esto lo había maquinado mi marido, sin darme yo cuenta de ello, para tenerme alejada de todo el mundo. Y así fue puesto que era muy celoso. De esta manera me encontré lejos de mi familia y de mis mejores amigos. Solo sé que el 30 de septiembre de 1961 me casé en la iglesia de Santa Ana. El día anterior llovió sin parar y yo casi no me enteré de nada. Incluso tuve la peregrina idea de no maquillarme por lo que mi entrada en la iglesia, según dijeron los invitados, les pareció que era una aparición. Partimos aquella misma noche en un barco de la Compañía Trasmediterránea, dónde trabajaban casi la mitad de mi familia, hacia Palma de Mallorca. Con una de las peores travesías que se recuerdan, con lluvia, vientos, truenos y relámpagos. Las maletas se perdieron por la cantidad de agua que entraba en el barco (y que los marineros tenían que estar achicando continuamente) y nos teníamos que coger fuertemente de las barandillas para no caernos. Al día siguiente llegamos al puerto con mucho retraso y todo estaba lleno de gente preocupada por el destino que hubiéramos podido correr.

A nosotros nos esperaba un tío mío hermano de mi madre que vivía en Mallorca, puesto que mi familia materna era toda mallorquina. Cuando nos vio lanzó una exclamación puesto que veníamos hechos unos guiñapos. En mi cabeza ya no quedaba nada del moño tan artístico que me habían confeccionado para la boda. Tuvimos que estarnos todo el día en la cama. Yo ya no quise volver en barco. Es más, siempre he tenido pánico al mar y a los barcos. Por suerte teníamos primos en Palma que trabajaban en la compañía Iberia y mi tío también trabajaba en la Trasmediterránea así que pudimos hacer un intercambio de pasajes. O sea que esto ya fue una especie de premonición de lo que iba a ser mi futura vida de casada: un naufragio desastroso igual que lo que fue el viaje de novios. Pero esto ya sería otra historia, que podría titularse los tristes años 60.

En la parte final de este libro les dejo un epílogo, dónde se contempla desde la muerte de mi marido en el año 2020 hasta la fecha que he considerado reflejar por la terrible pandemia que estamos sufriendo en todo el mundo hasta fecha de hoy, diciembre del 2021. Pero antes, les muestro una serie de fotografías de la época narrada hasta ahora.

Con mi madre, mi tía María, mi primo Guillermo
en un día que tenía dolor de barriga.

En el centro mi padre con sombrero y yo dándole la mano (siendo la más alta de los tres niños) un domingo en la calle Pelayo con mis tíos y primos.

El día de mi comunión en el colegio Lestonnac

Con mis padres y mi hermano Juanito paseando
por la Plaza Catalunya

Tomando el sol un día de verano.

En Madrid con mis tíos y mis primos (Años 50).

En la galería de la casa de mi tío
Domingo.

Con mis primas en la calle Petritxol el día de la
comunión de mi hermana.

Con mi futuro marido el mismo día que la foto anterior.

Mi certificado de servicio social.

Un día de fiesta en un pueblo con mi novio.

Con mi novio en el Pueblo Español.

El vestido de novia que había llevado varias veces
de modelo.

El día de mi boda en la iglesia de Santa Ana.

Mis compañeros de la Bilbao tirándome arroz a la salida de la iglesia.

Mi tía Quimeta y mis primos el día de mi boda.

Mi amiga Irene y mi primo Guillermo el día de mi boda.

Monumento erigido por los franceses a los españoles muertos en las playas de Argelès.

LOS FELICES AÑOS 50

EPILOGO

Hoy, día veintiuno de febrero de 2020, ha fallecido mi marido después de una larga enfermedad. Ha muerto en la cama, a mi lado, como él quería, después de una noche de sufrimiento. Los servicios de urgencias me han recriminado no haberles llamado antes, pero no nos imaginábamos que estaba tan mal. Se ensució todo encima y tuve que lavarlo y ducharlo. Entre mi hijo mayor y yo lo levantamos del suelo donde se había caído y lo pusimos en la cama. No era la primera vez que lo tenía que lavar pues debido a la gran debilidad que sufría por su Leucemia se quedaba sin fuerzas. Puede decirse que solo vivía a base de transfusiones de sangre y de plaquetas. Tenía ochenta y siete años.

Yo enseguida tomé el mando de todo pues ante las adversidades siempre me crezco. Atendí a los médicos de urgencias, así como al doctor forense y, posteriormente, a la funeraria quienes me dijeron que preparara la ropa para vestirlo. Mientras llegaban mis hijos y mi nuera para velar a su difunto padre.

Al tanatorio vino infinidad de gente puesto que mi marido era un delegado de ventas de una conocida multinacional alemana. Desde directores, compañeros y clientes de toda Cataluña, amigos y vecinos, sin olvidar a familiares. Mi hermana se hizo un hartón de llorar. Mi hermano ya había muerto de la misma enfermedad siendo aún joven, pero en su lugar vino su mujer. Mi cuñada y mis sobrinos también vinieron y por descontado mis hijos con sus mujeres y mi nieto con su madre y su padrastro. También vino mucha gente de Olot, de donde es mi nuera. En cuanto a mi hijo pequeño se presentó con casi toda la comisaría de la Plaza España, de donde es Mosso d'Esquadra. Por parte de mi hijo mayor vinieron todos sus compañeros del club de ajedrez donde juega.

Mi comportamiento llamó la atención de todos los presentes ya que me mostré serena, atendiendo a todas las visitas, agradeciéndoles su presencia y contestando a todas sus preguntas. Yo iba de luto, pero muy bien arreglada, incluso me maquille un poco discretamente y es que yo "genio y figura hasta la sepultura". A lo lejos oí algún comentario de mis primas y de mi cuñada (las cuales habían quedado viudas antes que yo a pesar de ser más jóvenes) de que siempre tenía que distinguir por ser diferente a los demás, aunque ellas ignoraban la mala vida que me había dado mi marido en los últimos años.

Pasados los días del funeral, el crematorio y el entierro volvimos a la realidad de nuestra nueva vida en casa, sin el cabeza de familia que la había ocupado durante los últimos cuarenta años. Yo vivía junto a mi hijo mayor. A los dos días del entierro, estando en la cama durmiendo, se me presentó el fantasma de mi marido a mi lado. Después del susto inicial le pregunté cómo podía estar allí, ¡si lo habíamos incinerado y enterrado! Él me comentó que había venido a verme. Le toque un brazo y era real así que lancé un grito de espanto y me mudé a la cama de la otra habitación en donde dormiría los próximos seis meses siguientes. Pero con todo y esto cada día, a las seis de la mañana, me despertaba como si alguien me llamara y ya no podía dormir. Luego averigüé que esa era la hora en que había muerto. Tengo que explicar que durante toda mi vida he tenido experiencias paranormales, acentuadas aún más desde el avistamiento de dos

OVNIS y por varias pérdidas de consciencia viendo la luz detrás del túnel. Desde entonces tengo premoniciones de lo que va a suceder.

Durante un tiempo estuve muy descentrada y perdía la memoria y los papeles importantes, pues se presentaban una serie de problemas burocráticos y legales muy laboriosos. En primer lugar, la tarde antes de morir mi marido habíamos ido toda la familia al notario para hacer testamento, y se acordó que la vivienda fuera para mí puesto que estaba a nombre de los dos. A mi muerte pasaría a mis tres hijos repartido en tres partes, pero un 10% más para mi hijo mayor por ser dependiente. Pero como este testamento solo se presentó en su forma y tenía que legalizarse en los dos días siguientes bajo la firma del señor Notario, no se llegó a tiempo pues mi esposo falleció aquella misma noche sin poder ejecutarse. Entonces el piso quedó para mis tres hijos y yo de usufructuaria. Esto conllevó unos litigios para lograr que renunciaran y yo quedara como única propietaria, puesto que mi intención entonces era vender la casa. Se me había hecho demasiado grande para mí pues tenía unas grandes terrazas que cuidar. Alguno de mis hijos se resistía a ello con lo que la cosa se alargó más de lo esperado.

Entre tanto vino el coronavirus, la pandemia más grande que hubiéramos vivido jamás. Hubo tantos muertos que nos confinaron en nuestros domicilios durante tres meses. Solo podíamos salir unas horas para ir a la compra o al médico. Se cerró todo, incluso peluquerías, colegios, parques, centros comerciales, oficinas etc.

Para mí fue terrible. Después de la muerte de mi marido, no tener nada para distraerme, encerrados en casa y, cuando salíamos, teníamos que taparnos la boca y nariz con una mascarilla. Ahora, en la actualidad, después de casi dos años aún llevamos la dichosa mascarilla. Gracias a Dios y a unas vacunas que lograron descubrir se ha reducido mucho la enfermedad y, sobre todo, las muertes. Aunque aún no estamos al 100% pues los locales de ocio apenas funcionan y se evitan las aglomeraciones en restaurantes y sitios de recreo, con lo que se ha optado por las terrazas al aire libre. Lo bonito de todo aquello es la unión que hubo entre todos pues cada día a las 8 de la noche salíamos al balcón para aplaudir a los sacrificados sanitarios que se estaban dejando la piel (y algunos hasta la vida) para salvar gente. De fondo sonaba la canción del dúo dinámico "Sobreviviré".

Mientras tanto yo aprovechaba para cambiar el colchón y desinfectar cortinas y alfombras. Tenía mucho tiempo la habitación ventilada y sobre todo me deshice de toda la ropa de mi difunto esposo que olía mucho a su colonia, pero ya desagradablemente al estar el armario cerrado y la ropa sin ventilar. De esta manera volví a dormir en mi cama sin miedo.

Al ver la cantidad de documentos que se tenían que tramitar (cambios de nombre, cuentas de banco, seguridad social, etc., etc.) decidí acudir a un antiguo compañero de mi marido que era abogado en la empresa donde había trabajado y por suerte tenía el buffet cerca de mi casa. Cual sería mi sorpresa al comunicarme que ya no ejercía debido a su edad y que no gozaba de muy buena salud. En su lugar se había hecho cargo del despacho un hijo suyo que, siguiendo los pasos de su padre, había estudiado Derecho. La verdad es que me atendió magníficamente y me dio el pésame en nombre de su padre. También me quitó un peso de encima al decirme que no me preocupara por nada, que su bufete se encargaría de todo. Quedé muy impactada por su presencia puesto que era un joven apuesto y atractivo a la par que simpático. Y ya sabéis lo sensible que soy yo a la belleza masculina, y más con el tiempo que llevaba más sola que la una.

Al cabo de una semana tuve que volver para firmar unos papeles y, a pesar de la mascarilla, sus ojos azules sobresalían sobre toda su cara que, por otra parte, se adivinaba simpática y atractiva. Sé que estaba loca de fijarme en un hombre que tendría la edad de uno de mis hijos, pero no podía resistirme a semejante atracción. Tengo que decir en mi disculpa que me encontraba muy falta de cariño. Mis últimos veinte años habían sido los peores de mi vida puesto que mi marido poco a poco dejó de tener relaciones conmigo. Primero porque tuvo varios cánceres y después se juntó con varios amigos que se pasaban el día en el bar jugando a la máquina tragaperras. También me fui enterando de que se juntaba con alguna vecina. Yo siempre deseé divorciarme puesto que iba sola a todas partes, pero mis hijos me lo sacaron de la cabeza por lo que no pude rehacer mi vida. Ahora que me había quedado viuda ya era demasiado tarde puesto que era muy mayor. Encima uno de los hijos que más se opuso a la separación, después del entierro de su padre, me comentó que si supiera la verdad de la vida de mi marido me moriría del disgusto, cosa que no quise saber puesto que yo ya conocía que me sustraía joyas para vendérselas y poder jugar. Pero al conocer a semejante persona empecé a arreglarme de una forma más atrevida, a practicar un poco de ejercicio, a comer moderadamente y a tomar jalea real y colágeno con vitaminas. Así conseguí que mi cuerpo sufriera una gran transformación volviendo a tener una excelente figura. A veces, cuando iba a comprar y tenía que pasar enfrente de su despacho, me lo encontraba mostrándose amable y sorprendido de mi cambio. Yo cada vez estaba más fascinada por la esbeltez de su cuerpo, incluso su forma de andar me dejaba impactada junto con su inteligencia que sabía superior al resto.

Empecé a obsesionarme con él y sólo pensaba si tendría la suerte de verlo. Mis hijos y las personas que me conocían me encontraban radiante y con un brillo nuevo y empezaron a pensar que tenía algún amor oculto. ¡Que más hubiera querido yo!. Y es que, en el fondo de mi corazón, me estaba enamorando como una jovencita. Aunque tengo que reconocer que él nunca me dio ningún motivo para ello. Más bien creo que algo debió de intuir puesto que yo no cejaba de alabar su profesionalidad y su buen hacer y empezó a rehuirme un poco y a pasar de mí cuando me encontraba por la calle.

Además, en aquel entonces lo vi con distintas mujeres de bandera. Por otro lado, al fin mis hijos habían renunciado a ser propietarios del piso con lo que se tuvo que hacer un Nuevo Testamento, cosa que me vino bien para llevarle más documentos para poner el piso a mi nombre e ir al Registro de la Propiedad.

En el entretanto iba dejando pasar alguna que otra oportunidad que se me presentó, como la de un vecino también viudo que sin ningún preámbulo se me tiró casi encima diciéndome que tenía ganas de besarme, abrazarme y tocarme. Me pareció tan poco delicado en la manera de dirigirse a mí esa primera cita en un café que le rechacé de pleno contestándole que en la pandemia no se tocaba nada. Todos los demás hombres que se acercaron a mí no me interesaron ninguno, como por ejemplo un chico que parecía mi nieto. Total, que han pasado casi dos años y estoy más sola que nunca.

Acabo el relato con las obsesiones que tenía por R.R. y es que, por lo visto, la edad no tiene límites para amar puesto que el cerebro y el corazón continúan siendo siempre los mismos. Y es que a estas alturas de la vida una se da cuenta que lo mejor de todo y lo único que ha valido la pena de verdad es haber conocido el amor o un gran amor, aunque este no haya podido ser realizado. Porque como dice Calderón *"La vida es sueño y los sueños, sueños son"*.

Y aquí acabo por fin lo que parece ser el final de mi historia que como puede verse sigo sufriendo como siempre por amor. Y es que algunas no cambiamos nunca.

Todos los personajes de esta biografía son reales, excepto el del abogado que he tenido que sustituir por no inmiscuir a la persona real y pudiera sentirse aludida.

Diciembre de 2021

Fin

"Y cuando mi voz calle con la muerte, mi corazón te seguirá hablando de amor"

R. Tagore

Mi difunto marido, que en paz descanse, tan elegante como siempre.

Este libro es una obra enteramente original, escrita por María Rosa Redondo Frígola y basada exclusivamente en sus vivencias de juventud.

La mayor parte de fotografías que pueden observar en su interior han sido obtenidas de su propio álbum familiar de fotos, y en ellas aparece ella misma, así como miembros de su familia.

También se ha incluido una fotografía realizada por ella misma durante su visita a Argeles, donde pudo ver el monumento de los españoles fallecidos en aquellas playas donde estuvo su padre.

En portada pueden observar una fotografía realizada por María Rosa de una parte del edificio "Lleo Morera" del arquitecto Domènech i Montaner situado en el Passeig de Gracia 35 de Barcelona y que, durante su juventud, fue su lugar de trabajo en la compañía Bilbao. En especial podrán observar una ventana mirador que a su derecha tiene 5 ventanas más correspondientes a la 1ª planta del edificio, que justamente era la ubicación de la mencionada empresa de seguros.

Esperamos que les haya gustado la narración biográfica que, aunque no corresponda a ningún personaje histórico, si nos cuenta cómo era el estilo de vida durante una época que cada vez más cuesta rescatar del recuerdo perdido.